AF349760

VENTE APRÈS DÉCÈS

Du Mardi 12 Juin 1900

HOTEL DROUOT, SALLE N° 11

*à 3 heures 1/2*

# TABLEAUX ET DESSINS

## ANCIENS ET MODERNES

EXPOSITIONS :

PARTICULIÈRE : **Le Lundi 11 Juin**, de 1 h. 1/2 à 6 h.
PUBLIQUE : **Le Jour de la Vente**, de 1 h. 1/2 à 3 h.

*Le présent Catalogue servira de Carte d'entrée*
*à l'Exposition particulière.*

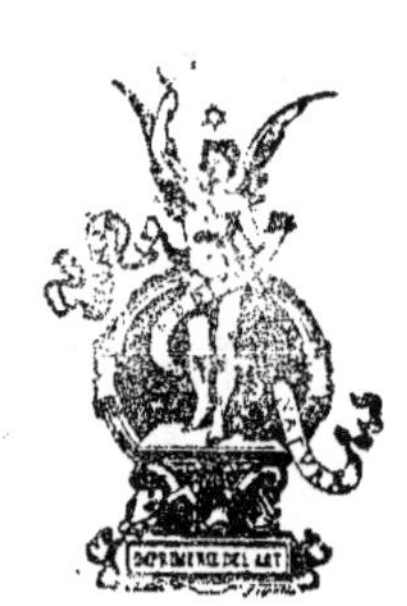

# CATALOGUE

DE

# TABLEAUX ET DESSINS

## ANCIENS ET MODERNES

DONT LA VENTE AURA LIEU

*Par suite de Décès*

ET D'ACCEPTATION BÉNÉFICIAIRE ET EN VERTU D'ORDONNANCE

## HOTEL DROUOT, SALLE N° II

## Le Mardi 12 Juin 1900

A TROIS HEURES ET DEMIE PRÉCISES

---

| COMMISSAIRE-PRISEUR | EXPERTS |
|---|---|
| **M° LÉON TUAL** | **MM. ARNOLD & TRIPP** |
| 56, rue de la Victoire | 8, rue Saint-Georges |

---

## EXPOSITIONS

PARTICULIÈRE : *Le Lundi 11 Juin, de 1 h. 1/2 à 6 h.*

PUBLIQUE : *Le Mardi 12 Juin, jour de la vente, de 1 h. 1/2 à 3 h.*

# CONDITIONS DE LA VENTE

La vente sera faite au comptant.

Les acquéreurs payeront *cinq pour cent* en sus des prix d'adjudication.

Paris. — Imp. de l'Art. E. Moreau et C¹ᵉ, 41, rue de la Victoire.

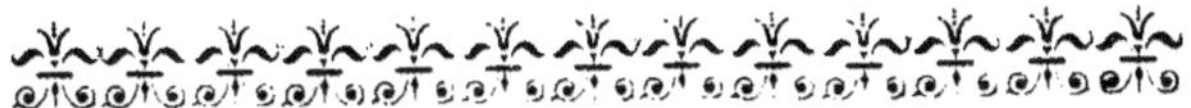

# DÉSIGNATION

## TABLEAUX ANCIENS

### BOUCHER (ÉCOLE DE)

1 — *Nymphes surprises.*

> Toile. Haut., 1 m. 64 cent.; larg., 1 m. 76 cent.

### CROOS

2 — *Chaumière et Pont.*

Cadre en bois sculpté.

> Bois. Haut., 44 cent.; larg., 60 cent.

### DOMINICHIN (ÉCOLE DU)

3 — *Les Trois Grâces.*

> Toile. Haut., 49 cent ; larg., 67 cent.

## FRAGONARD (D'après)

4 — *Jeune Fille au Chien.*

Toile. Haut., 38 cent.; larg., 45 cent.


## INCONNUS

5 — *Sommeil de l'Enfant Jésus.*

Toile. Haut., 49 cent ; larg., 58 cent.


6 — *Femme nue tenant une torche.*

Cadre en bois sculpté.

Bois Haut., 43 cent.; larg., 52 cent. 1/2.


7 — *Tête de Jeune Femme.*

Toile. Haut., 45 cent ; larg., 36 cent.


8 — *Le Coup de vent.*

Cadre en bois sculpté.

Bois. Haut., 12 cent.; larg., 16 cent.


## LUINI (Bernardino)

9 — *Vierge et Enfant Jésus.*

Cadre en bois sculpté.

Bois. Haut., 67 cent.; larg., 49 cent.

*(Collections prince de Wurtemberg et marquis du Blaisel.)*

## MURILLO (Attribué à)

10 — *La Madeleine.*

> Cadre en bois sculpté.

> Toile. Haut., 85 cent.; larg., 65 cent.

*(Collections Favier, Aguado et marquis du Blaisel.)*


## MURILLO (École de)

11 — *Enfant conduit par un Ange.*

> Cadre en bois sculpté.

> Toile. Haut., 86 1 2 cent.; larg., 65 cent.


## PORBUS (Franz)

12 — *Portrait de don Antonio de Portugal.*

> Toile. Haut., 1 m. 10 cent.; larg., 88 cent.


## PORBUS (Franz)

13 — *Portrait de la femme de don Antonio de Portugal; Fille de Philippe II.*

> Toile. Haut., 1 m. 10 cent.; larg., 88 cent.


## PRUDHON (École de)

14 — *Amour et Psyché.*

> Toile. Haut., 1 m. 52 cent.; larg., 1 m. 05 cent.

## RUBENS (P.-P.)

15 — *Le Mage Ethiopien.*

Ce tableau a été acheté à la vente John Wilson, faite à Paris, en mars 1881, où il a été catalogué sous le numéro 99, et gravé à l'eau-forte, par Ch. Waltner.

Cadre en bois sculpté.

Bois. Haut., 64 cent.; larg., 49 cent.

(*Collection John, W. Wilson.*)

## RUBENS (P.-P.) ÉCOLE DE)

16 — *Le Triomphe de Neptune.*

Bois. Haut., 70 cent.; larg., 1 m. 55 cent.

## VAN DYCK (Attribué à)

17 — *Tête de Femme*

Cadre en bois sculpté.

Toile. Haut., 68 cent.; larg., 55 cent.

# TABLEAUX MODERNES

## DOMINGO

18 — *Jeune Garçon jouant du violon.*

Signé à droite, et daté 1884.

Cadre en bois sculpté.

Bois. Haut., 73 cent.; larg., 59 cent. 1/2.

## DOMINGO

19 — *Chat.*

Signé à gauche, et daté 1881.

Toile. Haut., 56 cent.; larg., 46 cent.

## GÉROME

20 — *Les Misères de la Guerre.*

Signé à gauche.

Toile. Haut., 36 cent.; larg., 31 cent.

## GÉROME

21 — *Le Muezzin.*

Signé à gauche.

Bois. Haut., 23 cent.; larg., 35 cent.


## GRANDSIRE

22 — *Paysage.*

Toile. Haut., 73 cent.; larg., 1 m. 10 cent.


## INCONNU

23 — *Buste de Femme.*

Toile. Haut., 64 cent. 1/2; larg., 54 cent. 1/2.


## INGRES

24 — *Le Tintoret et l'Aretin.*

Signé à gauche, et daté 1848.

Toile. Haut., 42 cent.; larg. 34 cent.


## MADOU

25 — *Buveurs.*

Signé à droite, et daté 1873.

Bois. Haut., 64 cent. 1/2; larg., 52 cent.

## RENARD

26 — *Le Petit bras de l'Orge à Athis (Seine-et-Oise).*

Salon de 1882.

Signé à droite, et daté 1882.

Toile. Haut., 1 m. 32 cent.; larg., 1 m. 85 cent.

## WAPPERS

27 — *L'Anneau des Fiançailles.*

Signé à gauche, et daté 1826.

Bois. Haut., 59 cent.; larg., 51 cent.

## WILKIE (Attribué à)

28 — *Dentellière.*

Bois. Haut., 41 cent. 1/2; larg., 36 cent.

# DESSINS

## DETAILLE

29 — *Tambour de Grenadiers.*

Signé à droite, et daté 1872.

Sépia. Haut., 24 cent. 1/2; larg., 17 cent.

## MEISSONIER

30 — *Etude de Cavalier.*

Signé à gauche des initiales.

Sépia. Haut., 24 cent. 1/2; larg., 16 cent.

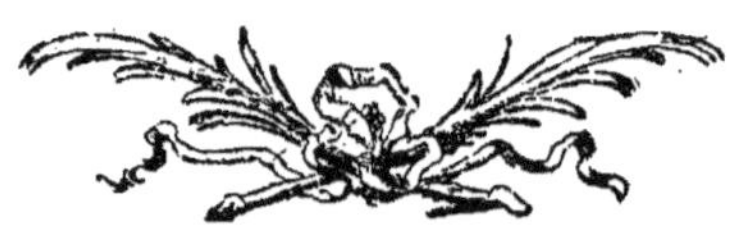